a tutti quelli che
vogliono,
fortissimamente

giulio zendeco

ali estreme

come sfruttare la finanza globale
e il mondo dei derivati .... accanto,
vivere da leoni senza lavorare .... tanto

in poche righe: chi, come, cosa, quando e perché

in questo libro non viene offerta la strada per il paradiso, nè la ricchezza espressa dal denaro; se hai capito questo, beh sgombriamo il campo da ogni dubbio: non troverai qui cose simili.

non ti serviranno grandi capitali iniziali, perché quanto ti dirò non ne necessita.

sono, tra l'altre cose, un trader e opero on line su mercati finanziari di varia natura. in queste pagine ti dirò come e quando fare cosa per averne un profitto.

l'obiettivo: dedicare la vita a quel che piace, qualsiasi cosa essa sia, e cercare di farlo ridendo.

non è difficile pensare che questo target sia facilmente condivisibile, e allo stesso modo impossibile, o almeno così ci dicono.

ti darò alcuni strumenti, prevalentemente informazioni, utili a chi vorrà seguire la mia stessa esperienza.

non serve molto denaro, nè tempo, nè un corso di studi particolare: ma tutte queste cose in misura equilibrata.

allora cominciamo col dire cosa vogliamo.

un reddito, non una rendita, quindi un'attività costante e permanente che sia fonte di denaro. non deve essere necessariamente tanto denaro, i numeri rappresentano quantità e l'espressione di tanto o poco è soggettiva come la sensazione di freddo o caldo.

vogliamo però che il tempo da dedicare a questa attività sia marginale nella nostra vita, e che il denaro provenga da soggetti che ne hanno molto, molto più di noi. perché ci fa schifo chi si prende gioco e i soldi di chi ha poco da ridere in termini economici.

come i leoni, vogliamo dedicare il giorno e la notte a quello che ci va, e ogni tanto, per soddisfare la fame, vizio dei viventi, andiamo a caccia; ma poichè siamo uomini, impiegheremo il minimo sforzo per ottenere il massimo risultato.

l'altro nobile animale che ci piace di citare è il condor, ed è un obbligo perché la figura che spiegherò prende le mosse da quella così chiamata da trader professionisti in opzioni. ma quella immagine adottata da me è ben diversa nell'approccio e nella finalità.

non ti darò teoria pura e semplice, ma esperienza personale, metodo, disciplina e risultati reali, validi a condizione di mantenere rigidamente l'equilibrio richiesto.

ti spiegherò quando e come e perché commerciare in opzioni, togliendo il velo ad ogni difficoltà intrinseca, regalando un semplice segreto che vive nel sistema.

il glossario è inutile, tradurrò per te scrivendo ogni termine finanziario indispensabile, rendendo l'argomento immediato e agevole. quindi non ti preoccupare del contesto, delle parole, di tutto quello che ti dicono i media ufficiali: ho fatto quel che scrivo e illustro, fallo come me e lo farai meglio.

un'ultima cosa: perché ho scritto questo libro. non per denaro, che tu lo creda o no. nemmeno per passione, che non risiede nei numeri. forse, ripeto forse, per dare ad ognuno la possibilità di vestirsi come Davide e volare come Icaro.

quella che leggerai per cominciare è un'indefinita prima parte, nella quale viene spiegato semplicemente il contesto globale nel quale operare, in un modo che nessun altro ti ha mai detto.

nel prosieguo del libro, troverai le chiavi da usare per volgere a tuo favore gli andamenti dei mercati ed ottenere così quel reddito che è fondamentale per giungere a 'l'obiettivo'.

per favore leggi tutto prima di fare qualsiasi altra cosa, non saltare parti di testo, non prendere iniziative diverse da quelle indicate: soltanto se seguirai attentamente, manterrai la disciplina che ti sarai imposta, avrai verificato la compatibilità col tuo sistema di vita, potrai fare quanto avrai prima interamente letto.

indice

metteti a tuo agio	13
un quadro d'inizio	15
il veggente	25
l'albero	29
piccolo elenco	31
quando e cosa	35
come	43
vendere mai	47
prima del denaro	49
è il momento di comprare	51
perché	55
volatilità strike e prezzi	63
costi e benefici	65
è il momento di vendere	67
il sunto della fine	74

metteti a tuo agio

se sei davanti a un monitor o alla versione stampata, rillassati.

non ti darò da lavorare ma voglio al contrario che sia un racconto facile, una lettura agevole, interessante come un romanzo d'avventura.

troverai descrizioni, aneddoti, leggende, storie utili a farti capire.

ci sarà forse qualche tabella, è naturale, ma la mostrerò come se dovessi far vedere una fotografia a mia mamma nata nel 1937.

non troverai alcun grafico tra le pagine perché l'interpretazione dei grafici comporta uno studio inutile, un impegno eccessivo, per il vantaggio visivo illusorio.

al termine della lettura, avrai un'immagine chiara, trasparente di tutti i meccanismi che regolano il mondo della finanza globale.

dove per finanza globale non intendo i meccanismi di concessione dei crediti, la nascita, la crescita e la gestione dei debiti di privati, aziende e stati sovrani.

il fuoco di quello che voglio spiegarti risiede nei mercati finanziari, in altre parole, le borse valori; col fine dichiarato di spiegarti come agire sui derivati per ottenere un guadagno.

che cosa nuovono e come funziona quel mondo inesplorabile ai più.

te lo ripeto, non aver remore e non temere lezioni di facoltà universitaria: tradurrò tutto e ti darò la versione tradotta.

senza nomi inutili, nè allusioni pericolose, che baderò bene di evitare, abbandona ogni riferimento conosciuto a termini gergali propri di quel mondo.

per raccontare una verità, non serve rifugiarsi nella scusa di un mondo complicato, altrimenti è cambiato nulla.

la narrazione degli eventi e delle situazioni che ti illustrerò, avrà nomi di fantasia, perché il nome è solo un'etichetta, mentre a noi interessa, invece, il fatto che è nato da quella vicenda.

allora, si comincia.

un quadro d'inizio

un cavaliere templare, insieme a dei suoi amici, capì che non era sufficiente detenere la ricchezza in quantità smisurata, ma era necessario pianificare e realizzare un sistema, altrimenti e prima inesistente, attraverso il quale fosse possibile generarla, forse nella sua idea si delineava distintamente il verbo 'crearla'.

poco importa al nostro fine dire il momento in cui si accese quest'idea nella mente del nostro crociato, che chiameremo Cristobal.

egli era un tipo davvero strano, il suo avo sfuggito alla persecuzione del re di Francia gli diede in qualche modo, l'idea di costruire, sul lungo periodo, una situazione nuova, nella quale accogliere chi, come lui, avrebbe potuto e voluto contribuire a crearla.

è la storia dei tempi moderni, che sfocia in quella contemporanea, ma ha inizio molto prima, quando questo gruppo di amici scampati al venerdì nero, decisero che nel futuro dell'umanità ci sarebbero stati altri giorni feriali della settimana destinati a macchiarsi di nero, a seconda delle loro azioni tempestive e simultanee.

naturalmente, come accade spesso, questi amici erano destinati a litigare anche molto aspramente, proprio a causa di interessi reciproci contrapposti e incrociati, alla maniera di squali in mare aperto, affamati di carcasse e di se stessi senza fine.

fuggiti in America e, in parti invisibili, dissolti in Europa dal principio del 1300, ma con la possibilità di innumerevoli aiuti economici, sociali, oltre che di un tesoro non umanamente calcolabile, diedero alla luce l'idea dell'uomo moderno.

il sistema nasce in embrione proprio dalle ceneri del medio evo, si sviluppa lentamente poichè privo di tecnologia e di energia.

poi, dopo la metà dell'ottocento, ecco delinearsi nel concreto, insieme al frutto nero dei pozzi, lo strumento energetico capace di accelerare ogni progetto, di dare velocità alle parabole e ai desideri.

nulla mai più come prima, ecco la grande occasione: il petrolio è l'energia capace di muovere con velocità impensabili ed incredibili merci e persone, capace di mischiare fantasia e desideri, soprattutto sarà il mezzo per raggiungere la tecnologia votata alla generazione del sistema.

è il 1870 circa, inizia la corsa al petrolio negli USA, quando c'è ancora chi rincorre l'oro giallo, quando si sta consumando la tragedia dei pellerossa nativi americani.

nel 1873 l'ultima grande crisi economica del vecchio sistema, il mondo non lo sa ancora ma sta per cambiare tutto.

da quegli anni parte il progetto del sistema globale, ad esempio con la negazione del desiderio di Benjamin Rush, firmatario della dichiarazione di indipendenza degli USA, di cui cito le parole del 1787.

"se non mettiamo la libertà delle cure mediche nella costituzione, verrà il tempo in cui la medicina si organizzerà, piano piano e senza farsene accorgere, in una dittatura nascosta; ed il tentativo di limitare l'arte della medicina solo ad una classe di persone, e la negazione di uguali privilegi alle altre arti, rappresenterà la Bastiglia della scienza medica."

l'illustre personaggio fu facile profeta, ma nemo proprio e assolutamente in patria perché nessuna garanzia fu concessa ai cittadini sulla scelta di cura, così com'è oggi, la scena esattamente descritta recita di un giogo imposto da una classe su ogni altra, tiranno e succubi di derivati sintetici alimentari, agricoli, industriali, medicinali; tutti derivati del greggio.

il sistema globale, oggi lo chiamano globalizzazione, si regge su quattro pilastri: l'energia, la tecnologia, la politica e i media, la finanza.

ognuno di questi è fondamentale per chi deve gestire il tavolo da gioco, dare le carte, tenere le migliori per se, prendere sempre il piatto più ricco.

la costruzione della struttura parte dalla fine del medio evo con la nascita delle prime banche ma si concretizza soltanto con lo sviluppo tecnologico reso possibile dalla spinta energetica fornita dal petrolio.

poi, nel 1999, ecco il prodigio, tenuto segreto chissà quanto, rilasciato come una meraviglia comunicativa, naturalmente a pagamento: internet.

il vero magico scopo della rete, non dichiarato nè dichiarabile, è collegare i quattro pilastri, ma soprattutto politica, le informazoni in caos totale, e la finanza, che con sistemi sicuri permette l'investimento a distanza e in tempo reale su mercati prima inaccessibili.

in pochi anni abbiamo il mondo di oggi: banche d'affari dichiaratamente dedite al business speculativo, altrimenti dette broker, creano, è il caso di dirlo, prodotti derivati a non finire, nomi mai sentiti regalati in modalità pop, sintesi di quello che finisce per non essere più importante.

ma torniamo un attimo indietro, la corsa al petrolio è terminata e l'unica società che in America detiene la proprietà dei pozzi e delle raffinerie viene costretta, si fa per dire, a vendere a diverse altre per rispetto dell'anti trust, ma la proprietà mantiene considerevoli quote, partecipazioni importanti in ognuna di quelle nuove nate, in barba alla legge.

è il 1929, ottobre, un lustrascarpe incontra al suo banco, nella city di Manhattan, un signore vestito e col portamento da vissuto padrone del mondo; il poverino chiede al suo cliente un consiglio sul mercato azionario, sino a quel momento in crescita, e quello non risponde a parole, un lieve gesto del capo è sufficiente ad illuderlo.

è la fine della fase di accumulazione, quando ad ognuno è stato detto e si continua a dire di comprare perché tutto sale; all'apice di quel monte la direzione cambia repentinamente e inizia la discesa veloce nel vortice.

il giorno dopo si scatena la prima grande crisi finanziaria dell'era moderna, nata dalla decisione di pochissime mani, a due delle quali daremo il nome fantastico di Rockerduck, terminata di fatto soltanto dopo o con la seconda guerra.

Nel 2008, grazie alla rete del web, la faccenda è completamente diversa: i mercati sono facilmente accessibili e popolari tra centinaia di milioni di persone, ogni testa con tutti i suoi limiti può avere accesso a centinaia di piattaforme capaci di offrire prodotti tradizionali, ma molti di più sono quelli sintetici.

proprio quelli sintetici, i famosi derivati sono indicati dai media e dalla politica quale la causa prima della bolla speculativa in atto.

i contratti derivati si chiamano così semplicemente perché derivano, sono collegati ad altri valori e prezzi, almeno e sempre a livello virtuale.

facciamo un esempio: il box di un appartamento è detto dipendenza, non è abitazione ma ne è direttamente collegato e se vi è un'infiltrazione o un abuso o un danno, quello ricade sulla proprietà dell'appartamento.

un contratto derivato è un pezzo di carta elettronica che risponde a delle regole, ha dei prezzi, un valore estremamente variabile ma tutto completamente, assolutamente collegato al mercato di riferimento, che può essere qualsiasi titolo, azione, materia prima, indice.

facciamo un altro esempio: l'indice della borsa di New York si chiama Dow Jones per memoria del padre dell'analisi tecnica settoriale che sta alla base della operatività di ogni trader, non la nostra. nell'esempio effimero ed irreale poichè solo una spiegazione, il Dow vale 16000 punti. piuttosto che comprare o vendere direttamente il Dow, cosa possibile ma non ci interessa, consideriamo di comprare un contratto, quindi un pezzo di carta virtuale, perché lo facciamo on line col broker sulla sua piattaforma, col quale contratto ci assicuriamo di poter comprare il Dow quando avrà il valore di 17000 punti entro una scadenza indicata nel contratto. quel contratto che si chiama 'call' è un derivato perché assolutamente collegato al Dow, senza il Dow non esisterebbe, ne è una derivazione assoluta.

bene, gli amici di Rockerduck e di Cristobal hanno adesso quasi raggiunto i loro obiettivi tesi al controllo totale del sistema: sono in grado di influenzare a discrezione ogni titolo e qualsiasi derivato di esso, posseggono crediti in capo ad ognuno degli stati sovrani del globo, hanno tra le loro file i politici e i media asserviti ai guadagni e il potere di cacciarli appena dimostrano di non apprezzare la catena d'oro imposta.

la cosa che manca agli ex cavalieri del Santo Sepolcro è una crisi globale, che consegni loro quel che resta delle resistenze sovrane, delle illusioni democratiche, dei diritti dell'uomo.

è giunto il 2009, momento fondamentale della storia dell'umanità, culmine ed inizio della crisi finanziaria più devastante che la storia ricordi, non tanto per gli effetti reali visibili, che se vogliamo sono contenuti rispetto ad altri casi, ma per le conseguenze dettate a tutti coloro che restano fuori da parametri di bilancio irraggiungibili.

la classe media viene dovunque abbattuta e si assiste al profilarsi di un modello comune a quello americano dove la ricchezza si concentra in pochissime mani e tutto il resto vale molto poco.

le differenze fondamentali con le crisi precedenti sono essenzialmente due: questa è una crisi globale, dove grandissimi patrimoni agiscono su una rete che non ha confini; non è risolvibile da guerre poichè la devastazione sarebbe intollerabile, nè da rivoluzioni di memoria umana perché il livello di sopravvivenza è garantito e il profilo delle forze dell'ordine è, diciamo, riconosciuto.

così, variamente intossicati da diversi tipi di debiti, ci troviamo a nuotare tra marosi immensi fatti di tecnologia, informazione, politica, economia; tutto ormai incomprensibile, caotico, inumano.

nel nostro mondo tutto appare senza essere, il flusso del denaro, che può ogni cosa, è invisibile mentre scorre, invariabilmente, dalle possibilità dei molti verso il potere dei pochi; tanto succede senza un confine delineabile, una legge applicabile, un giudice adatto.

in o da questo scenario nasce il desiderio di fornire una capacità in più, una libertà inusuale, una porta nuova per andare e provare a vivere; basta a chiunque abbia accesso a internet e almeno uno smart phone e anche un minimo di capitale da investire, davvero poco.

Io spiego in parole semplici ed esempi elementari nelle pagine seguenti.

il veggente

ricordo, ad una sessione di aggiornamento dedicata a trader professionisti, il racconto favolistico del relatore, che narrava di un famoso professore il quale diceva di poter entrare in qualsiasi mercato nella direzione indicata da una moneta per come cadeva, testa o croce, compri o vendi; il relatore proseguiva dicendo che quel professionista vantava una performance del 98% di utile.

bene, nessuno è in grado di predire qualsiasi futuro di ogni mercato, almeno nessuno che tu conosca.

chiariamo questo punto: naturalmente c'è e ci sarà sempre chi dice di sapere, ma è esattamente come il meteo o i sondaggi elettorali/commerciali: nessuna responsabilità per il profeta comunque pagato, ma i prezzi vanno e andranno dove vogliono gli amici di Rockerduck, come le nuvole vanno dove vuole il buon Dio.

devo dare per scontato che chi legge non abbia a conoscere Rockerduck, Cristobal, o il buon Dio, almeno non di persona, perché altrimenti non sarebbe qui.

osserva la tabella seguente, esprime l'andamento decennale del petrolio:

M/A	2003	2004	2005	2006	2007	2008	2009	2010	2011	2012	2013	2014
					prezzi medi brent							
gen	31,18	31,28	44,51	62,98	53,68	92,18	43,44	76,30	96,44	110,70	112,45	108,28
feb	32,77	30,86	45,48	60,21	57,56	94,99	43,32	73,86	103,43	117,89	116,43	108,94
mar	30,61	33,63	53,10	62,06	62,05	103,64	46,54	78,66	114,27	125,30	109,18	107,56
apr	25,00	33,59	51,88	70,26	67,49	109,07	50,18	84,06	122,24	120,08	102,25	107,51
mag	25,86	37,57	48,65	69,78	67,21	122,80	57,30	75,94	114,88	111,62	102,56	109,50
giu	27,65	35,18	54,35	68,56	71,05	132,32	68,61	74,58	115,10	96,73	102,92	111,84
lug	28,35	38,22	57,52	73,67	76,93	132,72	64,44	75,58	115,61	102,07	107,81	107,26
ago	29,89	42,74	63,98	73,23	70,76	113,24	72,51	77,17	109,64	112,78	110,87	103,75
set	27,11	43,20	62,91	62,96	77,17	97,23	67,65	77,35	113,35	112,93	111,37	
ott	29,61	49,78	58,54	57,81	82,34	71,58	72,77	82,10	109,61	112,00	109,22	
nov	28,75	43,11	55,24	58,76	92,41	52,45	76,66	85,12	110,47	109,17	107,98	
dic	29,81	39,60	56,86	62,47	90,93	39,95	74,46	91,07	108,17	109,42	110,86	

sembrano numeri a caso, ma non lo sono: la gestione di quei numeri è affidata a chi tiene le carte del gioco, l'unico capace di capire quale numero segue il precedente.

quindi lo devo ripetere per chiarezza: nessuno ti dirà mai dove vanno i mercati, naturalmente me compreso, se sentirai qualcuno dirti questo è un illuso o ti vuole illudere.

nessun metodo garantisce di sapere, l'onesto intellettuale, quello che non mente e non millanta, riconosce la semplice assoluta verità che insiste sull'ignoranza del futuro, che è bello per questo, mi va di aggiungere.

un cenno all'analisi tecnica e a quella fondamentale: gli analisti finanziari si dividono tra proseliti di questa o di quella vantando successi del proprio metodo ed elencando i fallimenti dell'altro.

ricordo il mio professore quando, dopo la corposa e complessa spiegazione relativa a grafici, trend, figure e numeri, traeva le somme con la morale: < ricordatevi che non siete e non sarete mai più forti del mercato, quello che conta alla fine sono soltanto i prezzi. >

il che significa: qualunque previsione va verificata e se, quando sbagliata semplicemente abbandonata, a costo di pagare una perdita naturalmente.

come nel caso di quello che va dal medico di base o specialista, cambia nulla, e così diventa paziente.

senza considerare il merito dell'esito degli esami, al poverino viene proposta una cura nel rispetto del metodo probabilistico, così che se non funziona per motivi ignoti si proverà con un altro farmaco, se funziona per motivi altrettanto ignorati sarà stato merito della terapia.

ma di fatto, lo si capisce, nessuno sa cosa accadrà in medicina, come nel meteo, nei sondaggi, nella finanza.

per questo motivo le operazioni da condurre devono essere capaci di guadagnare molto quando va bene e perdere poco senza rimpianti quando va male, e neanche un minimo spazio a rimorsi o nostalgie su scenari desiderati ma remoti e inaccessibili

allora vai in mezzo all'oceano con la convinzione che la moneta si girerà una volta sulla croce e una volta sulla testa, che l'onda ti bagnerà completamente, ma soprattutto che il naufragio vuol dire perdere un guscio di noce, la vittoria invece significa tornare in porto con una barca non sai quanto più grande

la trasmutazione passa attraverso le onde e la capacità di raccogliere la saggezza intrinseca, al prezzo scontato e necessario, indispensabile ad aprire l'accesso della ricchezza.

l'albero

come dicevo al principio, l'obiettivo essenziale di questo libro è la chiarezza, l'offerta di un prodotto semplice, di una guida facile al mondo dei derivati, sebbene la materia sia notevolmente complessa e astratta per sua proprietà.

al fine, quindi, di rendere agevole la spiegazione mi farò aiutare dalla immagine di un albero, uno di quelli che si chiamano decidui, cioè perdono le foglie in autunno per restarne senza in inverno e recuperarle in primavera per poi vedere i frutti in estate.

bene, il nostro albero è l'esempio figurato, sulla linea del tempo, della operatività narrata nel libro, è il mercato che sceglierai per investire; non lo chiamerò oro, petrolio, Dow Jones o Nikkei, al contrario lo chiameremo Angie, in omaggio a una mitica quanto ermetica canzone degli Stones.

in ogni capitolo farò riferimento costante a Angie e ai cambiamenti che le stagioni, il vento, il freddo, il caldo, la pioggia, il sole, la luna e altre innumerevoli variabili causeranno una variazione nel numero delle foglie di Angie appunto.

cerca di visualizzare Angie in un momento qualsiasi della sua vita esso avrà un certo numero di foglie, escludiamo per il nostro esempio di partire dall'inverno quando non ne ha alcuna.

la variazione della quantità di foglie sui rami di Angie, ammettiamo che sia possibile e agevole contarle, ci dirà come e dove sta andando il nostro mercato: ad esempio supponiamo che Angie abbia, in un dato momento, su tutti i rami 1000 foglie e che per effetto della stagione esse diventino, in un momento di osservazione successivo, 1200; in questo caso il nostro albero si è arricchito di 200 foglie nuove come se il mercato avesse acquisito nuovi compratori pari a quel numero.

se invece le foglie su Angie in uno stesso arco temporale passano a contare 800 unità vorrà dire che il nostro mercato è in fase discendente e ha quindi perduto 200 foglie, quote che sono state vendute.

piccolo elenco

a questo punto diviene obbligatorio fornire un piccolo elenco di termini indispensabili e la loro semplice spiegazione.

l'operatività spiegata in queste pagine riguarda le opzioni, come quando perché acquistarle e rivenderle.

l'opzione è un contratto finanziario, col quale si acquista la possibilità di acquistare/vendere, a un prezzo già determinato (strike), il sottostante (indice, azione, materia prima, valuta, nel nostro esempio Angie e il numero delle sue foglie) entro la scadenza e al prezzo indicati sul contratto.

call significa comprare l'opzione sull'attesa che il mercato salga, cioè puntando sul fatto che le foglie di Angie aumentino, put vuol dire comprare pensando che i prezzi scendano, vale a dire credendo che Angie perderà le foglie; dall'acquisto alla scadenza.

quando compri una call avrai un guadagno se il prezzo del mercato collegato o sottostante, il numero delle foglie di Angie, aumenterà perché ti sei assicurato adesso il diritto di comprarlo ad un prezzo superiore all'attuale.

quando compri una put avrai un guadagno se il prezzo del mercato collegato o sottostante, il numero delle foglie di Angie, diminuirà perché ti sei assicurato adesso il diritto di venderlo ad un prezzo inferiore all'attuale.

otm, out of the money, significa che compri call il prezzo di 1200 quando adesso è a 1000, quindi è fuori dal denaro (mercato attuale, numero attuale delle foglie di Angie) e vive di valore temporale perché intrinsecamente non ne ha; significa che la realtà di quando compri corrisponde al valore di Angie che è 1000, valore intrinseco, mentre il valore di 1200 è legato al tempo, cioè alla possibilità che nel tempo Angie raggiunga quel numero di foglie.

per contratto ti sei garantito il diritto a comprare a 1200 quel che adesso vale 1000, cioè hai comprato il diritto di comprare Angie quando la sua forma sarà più bella perchè più ricca di foglie ma al prezzo attuale non a quello, più caro, relativo alla realtà della sua forma migliore. quando venderai, l'oggetto venduto sarà quel diritto scritto nel contratto e non il mercato di riferimento, non venderai Angie come non l'hai mai comprato.

il valore è temporale cioè riferito al tempo di vita dell'opzione, da quando la compri alla scadenza; il valore effettivo esiste soltanto se il mercato supera il tuo strike, nell'esempio è quando il mercato va oltre 1200, quando le foglie di Angie superano quella soglia che sta scritta nel contratto di 200 foglie in più.

è chiaro che comprare oggi il fatto che Angie raggiunga 1200 foglie è molto più economico che comprare Angie quando effettivamente avrà raggiunto quel numero di foglie, ma intrinsecamente questo acquisto comporta un rischio, che è il cuore della opzione, relativo al raggiungimento di quella soglia di 1200 molto prima della scadenza.

il prezzo del contratto (opzione su Angie) è molto dinamico sino a metà vita, parecchio più del mercato collegato e se questo si sposta molto in direzione dello strike dell'opzione relativa questa non si muove in proporzione ma si moltiplica, però non oltre metà vita!

nel caso inverso della put compri col mercato (Angie) a 1000 (foglie) il prezzo di 800 (foglie), quindi compri credendo che il prezzo del mercato, numero di foglie, scenda.

lo strike è il prezzo del contratto che ti assicuri di comprare o vendere, 1200 foglie per la call e 800 foglie per la put negli esempi.

strangle è il nome della strategia bidirezionale con la quale compri una call e anche una put entrambe otm.

break even è il punto a partire dal quale la tua posizione comincia a guadagnare.

strike: lo strike è un numero, esso corrisponde al valore del mercato indicato nel contratto che compri: quando decidi di comprare una call il mercato è a 1000 e tu decidi di comprare il contratto con il prezzo futuro a 1200, lo strike corrisponde a 1200 foglie di Angie.

volatilità: un mercato si dice volatile quando e più è dinamico, vivace, reattivo. i mercati più volatili sono di solito quelli con l'economia fondamentale, anche detta di base o reale, in difficoltà vera o dichiarata; i mercati in crescita; tutti i mercati quando il trend è discendente.

in una sola parola il mercato, Angie, è volatile quando i prezzi, cioè le foglie, aumentano e/o diminuiscono velocemente in breve tempo.

immagina Angie, è primavera inoltrata, le foglie continuano ad aumentare a un ritmo apparentemente costante, in un momento cristallizzato le puoi contare, sono e quindi prezzano 1000. l'opzione è la possibilità di comprare Angie quando le foglie saranno e prezzeranno 1200. è naturale che comprarle a 1200 è più costoso quindi nel momento in cui prezzano 1000 ti garantisci la possibilità di acquistare Angie nel momento in cui avrà un prezzo più alto, quel diritto è l'opzione call.

immagina Angie al primo giorno di autunno, la luce diminuisce e non fa più così caldo, le foglie pian piano l'abbandonano, come gli azionisti con una azienda in perdita: accade esattamente il contrario di quanto descritto prima nei numeri, compri la put a 800 foglie perchè sai che c'è un guadagno nel vendere Angie a 800 ma ti garantisci di poterlo fare adesso, a quota 1000.

in sostanza l'opzione è un contratto previsionale, sulla base di una previsione presunta di crescita o di depressione del mercato decidi di comprare call se credi nella crescita e decidi di comprare put se credi nella depressione del mercato.

avrai ragione se hai comprato la call e il prezzo del mercato, numero di foglie, sale; avrai ragione se hai comprato la put e il prezzo del mercato, numero di folie, scende.

avrai guadagnato se questo movimento in salita o in discesa avviene nel tempo più ridotto possibile, comunque entro la metà della vita dell'opzione perché dopo la metà vita il prezzo della tua opzione cala comunque, qualunque sia il prezzo del mercato e il numero delle foglie di Angie.

quando e cosa

l'operatività che ti sto per spiegare è valida su ogni mercato volatile per opzioni con scadenza giornaliera, quindi l'opzione che ti interessa è quella che nasce all'apertura del mercato di riferimento e muore con la sua chiusura di quel giorno, ma tu la devi tenere non oltre metà della sua vita.

la vita di un'opzione nella seconda parte subisce un calo di valore che si può rappresentare come uno scivolo, nel quale non devi trovarti mai, secondo la strategia spiegata qui.

tieni presente che tutte le altre opzioni, quelle valide per scadenze diverse e più lunghe vengono formulate sulla base di quelle giornaliere, senza le quali non avrebbero vita.

non sarebbe utile impiegare pagine e citare matematici famosi per spiegare il funzionamento dell'opzione: la cosa più importante da sapere è che se vuoi realizzare un guadagno dal valore effettivo la devi comprare con strike vicinissimo al mercato e devi tenerla sino alla scadenza puntando sul fatto che il mercato supererà ampiamente lo strike nella direzione scelta da te, ma in questo caso niente moltiplicazione e cambia libro.

se invece vuoi seguire quello che scrivo, si tratta di comprare un'opzione che ha il prezzo basso, otm quindi fuori dal mercato, pensando che Angie guadagni o perda numerose foglie in breve tempo, abbastanza da costare poco quanto sei disposto a perdere, un'opzione che vale solo per il suo valore temporale, per il tempo di metà vita, perché in quel periodo il prezzo dell'opzione è salito molto oppure no, ma dopo metà vita scenderebbe comunque.

quindi assolutamente non tenere un'opzione otm oltre le prime 4 o 5 ore dopo l'apertura del mercato, con la sola eccezione che già valga 0.

comprerai soltanto opzioni otm perché sono quelle che ti daranno accesso a importi bassi, facilmente relazionabili a parti di quello che un trader professionista individua come la cifra che può perdere, in gergo stop loss.

devi sapere che i prezzi relativi agli strike cambieranno periodicamente in relazione a modifiche insindacabili e imprevedibili del broker decise diverse ad ogni apertura, ma la strategia rimane valida nella veglia dell'attenzione, nel rispetto dello spirito, nella disciplina del metodo e dell'obiettivo.

con strike lontani dal prezzo del mercato, cioè con livelli di numero foglie lontani dal numero attuale, i guadagni si fanno più difficili e deve essere scelto il mercato con prezzi più convenienti a strike ravvicinati al prezzo attuale.

prima di comprare:

- assicurati che sia un mercato volatile;

- il livello di strike imposto dal broker non deve essere troppo lontano dal mercato, numero attuale delle foglie di Angie;

- devi aver capito il sistema delle commissioni applicato.

per operare ti serve un capitale minimo di 1000 euro ma l'aspetto legato a quanto investire è cosa che dipende da te soltanto, un accesso a internet anche da smartphone, un conto con una banca d'affari (broker) che ti offra un vasto panorama di opzioni, il tempo di qualche minuto da dedicare più volte all'operatività nell'arco di quattro ore della mattina del mercato di riferimento.

puoi comprare in qualsiasi luogo ci sia una connessione internet e con qualsiasi strumento, dal pc allo smartphone, ti bastano pochi minuti subito dopo l'apertura e poi pochi altri minuti entro le 13 per chiudere.

puoi farlo quando sei in aula all'università, in una pausa lavorativa, anche quando sei sul tram; è decisamente sconsigliabile quando stai scendendo col parapendio o se stai facendo del buon sesso.

niente grafici, niente studi, niente di tutte quelle regole per interpretare quello che solo Cristobal conosce, perché l'unica cosa che conta sono i prezzi e, con le premesse facilmente valutabili che ti ho fornito riguardo a mercati, strike, commissioni, tra poco saprai cosa fare.

gli strumenti sono descritti ma è chiaro che la cosa più importante in assoluto è sapere come fare e rispettare le piccole, poche, importantissime regole che saranno la tua ferrea disciplina.

estremamente importante: non sei obbligato ad entrare sempre e comunque, al contrario non esiste un devi comprare ma un puoi comprare, perché se non ci sono le condizioni che hai verificato sperimentalmente o non ti senti emozionalmente pronto, è meglio tu stia fuori.

pensa al monitor del tuo broker come a una piscina dove all'inizio l'acqua è bassa e ci prendi confidenza, poi vai in quella per adulti e vedi che riesci a nuotare, quindi passi alla spiaggia del mare, poi sali in barca e ti tuffi al largo, infine sei in mezzo all'oceano con un guscio di noce pronto a qualsiasi cosa vorrà accadere.

compra e vendi l'opzione call e/o put sul mercato che vuoi: esatto, negozierai contratti sul sottostante che preferisci, che sia un azione, un metallo, una valuta, un indice, una materia prima, o qualsiasi altra cosa quotata, immaginando che sia come Angie.

comprerai una call e una put scegliendo la bidirezionalità oppure una call ovvero una put scegliendo la direzione: il senso non cambia, perché sai che puoi perdere e che perderai quel prezzo, mentre quando sarà guadagno andrà bene anche pagarci le tasse.

comprando una sola opzione call o put l'investimento si riduce della metà e il break even è vicinissimo ma se il mercato va dall'altra parte sei in perdita immediatamente.

un altro riferimento al condor è obbligatorio: non entrerai nel mercato sempre ne' comunque, anzi aspetterai il verificarsi delle condizioni ideali di volatilità che sono e rimangono l'elemento base della tua azione.

come un condor attende dall'alto la criticità della preda potenziale, così tu passerai il tempo studiando i prezzi senza prevedere ma nel tentativo di accertare il presente del mercato volatile nel quale ti inserirai, alla maniera del condor sulla preda morente; perché non ti importa di dove vanno i prezzi ma che si muovano molto e solo dopo aver avuta prova personale e assoluta di questo potrai attuare la strategia. altrimenti, attendi, perché entrare nel momento del mercato laterale cioè statico privo di movimento significa perdere la maggior parte delle tue opzioni: in un mercato stagnante potresti avere un risultato positivo su venti, magari saresti in pari ma non è davvero l'obiettivo.

ad esempio se lo strike fissato dallo sponsor è spesso superato dai prezzi sei in un mercato volatile che nemmeno loro sanno prevedere e quindi è il momento corretto, il segnale per entrare il giorno successivo. quel segnale deve essere verificato in modalità costante e permanente in modo da poter sospendere l'attività appena smette di essere proficua, esattamente come fa chi specula. nella fase di volatilità che corrisponde a criticità di una delle due direzioni, il broker non sa cosa fare e gli strike sono sempre posizionati alti ma spesso non a sufficienza, gli utili sono accessibili dopo un periodo di logoramento dei listini e delle strategie difensive delle banche d'affari. anche se e quando gli strike saranno alti non sarà possibile tenerli a tale distanza per molto tempo perché questo favorirebbe altri trader specialisti dell'iron condor (che non ti spiego perché non è il tema né la strategia di questo libro), inoltre scoprirai il gain anche con gli strike lontani a condizione di volatilità elevata: è proprio quello che volevi, la situazione ideale. quindi devi solo attenderla quale migliore condizione. è vero, non è poi così facile, serve studio e attenzione perché ti sei messo contro gli squali; però quando vedrai che non è nemmeno tanto difficile e comincerai a vendere i risultati, beh ci prenderai gusto e sarà divertente oltre che redditizio, perché sai per certo che rischi una cifra per guadagnarne una grande enne volte di più.

come

questo è il punto in cui ti spiego come si calcola il prezzo del tuo investimento.

devi avere cura di investire ogni giorno solo quello che puoi perdere senza problemi, nella misura di meno del 10% del tuo capitale iniziale, quindi meno di 100 euro.

non perché tu debba essere votato a perderlo, dato che la somma del capitale investito alla fine di un periodo almeno mensile sarà sicuramente favorevole, ma perché certamente accadrà di perdere più volte tutto il valore dell'opzione acquistata.

quell'indicativo 100 euro non è una somma reale consigliata ma solo un esempio valido a comprendere la strategia che verrà spiegata nelle pagine seguenti; si tratta di una interpretazione del criterio di stop loss applicata alle opzioni in maniera tout court, facile ed efficace.

quando compri una call o una put, il prezzo della tua opzione sarà indicato in relazione allo strike e tu venderai soltanto quando ti farà comodo.

esempio: mercato a 1000, compri una call a strike 1200, prezzo = 31; il broker ti dice che per quel prodotto il prezzo va moltiplicato per il numero dei contratti, da 0,5 in su, e per un numero fisso che cambia per ogni prodotto e potrebbe essere 5, 10, 100.

quindi se fosse 10, il tuo investimento sarebbe:

31*10*0,5=155€

dove 31 è il prezzo della tua opzione corrispondente allo strike, 10 è il valore attribuito dal broker a quel contratto, 0,5 è il numero di contratti acquistati.

in questo caso come vedi non sono 100 euro ma 155 però potrebbero essere la metà o dieci volte tanto, dipende dal mercato e dal broker e dallo strike.

nell'immagine seguente proviamo ad analizzare un foglio di calcolo dove sono esposti due casi tipici con prezzi reali.

tieni presente, l'esempio che segue corrisponde a una situazione realmente vissuta da me, della quale ometto il mercato e la data, modifico le quantità, ma ti assicuro la corrispondenza dei dati e dei numeri a una transazione reale del mio portafoglio.

market	call\put	strike	value x point	contracts	price open	open
19910	call	20020	10	0,5	31,00	155,00
	put	19780	10	0,5	28,00	140,00

così non ci importa del mercato e della data che non vedi, ci interessano i numeri dell'esempio: il mercato apre alle nove a 19910, la call allo strike 20020 costa 31, vale 10 per ogni punto come voluto dal broker, compriamo 0,5 contratti: il costo dell'investimento è 155 €.

stessi parametri relativi per la put.

in questo caso ti mostro come è stato l'ingresso, senza considerare il resto della operatività che viene spiegata di seguito.

importante adesso capire come si calcola il denaro da mettere nella casella scelta.

tu avrai un guadagno quando le foglie di Angie supereranno il numero di 20020 o di 19780, perchè a quel punto il prezzo della opzione relativa alla direzione scelta da Angie, sarà decollato verso vette imprevedibili mentre l'altro sarà annullato.

col modificarsi del numero delle foglie di Angie, cambierà anche in modalità moltiplicata il prezzo del derivato da te acquistato, per effetto del suo raggiungere e superare il livello di strike relativo ad esso.

quando compri un'opzione ti garantisci il diritto di comprare o vendere una situazione più o meno probabile, in attesa del movimento del mercato: quando le foglie di Angie cambiano di numero ottieni un guadagno in relazione più che proporzionale a quel cambiamento ed è logico per te tifare per una modifica elevata di quel numero di foglie, in più o in meno poco importa.

vendere mai

diciamo e scriviamo in modo chiarissimo: secondo la strategia esposta in questo libro mai, dico mai, venderai un opzione prima di averla acquistata.

ti spiego soltanto come comprarle per poi rivenderle: rispetta rigidamente quest'ordine: prima compri e soltanto dopo vendi.

chiariamo senza il minimo dubbio che mai venderai opzioni senza prima averle acquistate, sebbene sia possibile: non lo farai perché il rischio corrisponde alla perdita di enne volte quel che incassi subito: vendere prima di aver comprato non è assolutamente quello ti consiglio.

il mestiere di vendere è quello del broker, ha senso perché vende tantissimi contratti e può permettersi di perderne qualcuno, ma tu no!

prima del denaro

non è ancora il momento di fare sul serio, nemmeno di accendere un conto vero con una banca d'affari, per adesso accendi un conto demo, nel quale ti faranno vedere una parte delle loro funzionalità, che potrai chiedere di ampliare per scrutare meglio, nel cui ambito avrai un patrimonio fittizio per provare.

quando avrai provato quello che ti suggerisco di seguito e avrai avuto un certo successo, apri un conto vero e prova ancora.

per provare senza soldi su un conto reale è necessario prendere appunti per come vuoi e ti viene meglio, carta, foglio di calcolo, etc.

ma per favore prova ancora sino a che non ti sentirai assolutamente sicuro e se la cosa per te non va, rinuncia: ti prego!

se avrai successo anche col conto reale, prova di nuovo e così acquisirai maggiore disciplina e fiducia in te stesso.

solo dopo aver provato a lungo, potrai versare i soldi veri nel tuo conto e fare quello che prima provavi soltanto, avviando la trasformazione.

è il momento di comprare

soltanto dopo queste premessa, ecco le regole per investire.

ti trovi di fronte a molte possibilità fornite dalla piattaforma, scegli opzioni e poi giornaliere sul mercato, albero, di riferimento.

a questo punto troverai un'impostazione per colonne dove sono ordinati i prezzi di acquisto e vendita relazionati allo strike e differenziati dallo spread che di solito è il guadagno del broker.

questo significa che appena compri, devi sapere, se vendi subito dopo hai una perdita corrispondente allo spread tra acquisto e vendita, quello è il business, tra gli altri, della banca d'affari.

cerca di capire subito a che distanza si trova lo strike che preferisci sulla base del prezzo che ti piace di più, ad esempio dove si trova quello che prezza 30: scoprirai che le distanze degli strike sono diverse per la put e per la call, oltre che ogni giorno dall'altro.

potresti trovare il prezzo di 30 collegato allo strike a 100 punti o a 200 punti o anche a 300 punti dal mercato.

il prezzo di 30, per l'opzione nell'esempio, è assolutamente soltanto un esempio: il prezzo dell'opzione e la posizione degli strike cambiano a seconda del mercato, sempre.

detto questo, compri appena il mercato apre, quasi subito dopo le nove ora locale, sul mercato volatile che ti piace perché hai verificato prezzi e strike, una call e/o una put scadenza giornaliera molto, ma non estremamente, otm al prezzo che hai deciso di poter perdere, prendi lo strike out of the money relativo, al prezzo di mezzo contratto.

dopo aver comprato, per favore, scrivi il livello di mercato e lo strike oltre al prezzo, come facevi nella simulazione.

come nell'esempio riportato sopra, compri, lo ripeto, mezzo contratto, mentre il mercato e lo strike lo decidi tu per rispetto al tuo metro di giudizio di volatilità e conformità degli strike e delle commissioni del broker al tuo modello di business.

compri mezzo contratto perché non credo di farmi leggere da chi ha intenzione di investire molto di più, ma a livello teorico puoi naturalmente comprare quello che vuoi perché i soldi sono tuoi e hai già sperimentato ampiamente: tuttavia mezzo contratto è utile perchè abbassa della metà almeno l'esposizione e rientra nella logica del controllo delle perdite.

devi comprare poco perché devi essere disposto a perdere tutto quello che compri.

sì, hai capito bene e lo ripeto: devi essere disposto, devi volere poter perdere tutto quello che compri.

senza remore, nostalgie, rimorsi, rimpianti che non hanno alcun valore.

puoi comprare una call o una put o entrambe; naturalmente puoi non comprare perché non esiste l'obbligo, lo farai quando e se te ne sentirai sicuro.

poi attendi che il prezzo di una di quelle acquistate cambi.

in meglio.

col passare del tempo e dell'esperienza, imparerai a gestire il rischio di più denaro da investire e così ne metterai di più, aumentando il numero dei contratti.

non fare caso alcuno sino a mezzogiorno alla opzione che perde valore, quando il mercato se ne va dall'altra parte: è assolutamente contrario al tuo star bene guardare che e quanto perdi, guarda soltanto quella che va bene o, se ne hai presa una soltanto, torna a guardarla dopo un mezz'ora almeno.

sui rami di Angie trovi gli strike corrispondenti al numero di foglie che li popoleranno in futuro, ne trovi tantissimi a livello di possibilità nel senso dell'aumentare e del diminuire delle foglie.

collegati agli strike i prezzi relativi a quei numeri e alle possibilità che vengano raggiunti.

comprando strike otm acquisisci il diritto di comprare/vendere Angie quando avrà un numero di foglie considerevolmente più alto o più basso.

è importante capire che strike e prezzi di acquisto sono collegati e quando compri devi avere attenzione per entrambi, rispettando l'equilibrio tra distanza dal mercato attuale e prezzo dell'investimento.

Angie come il condor. tu prenderai posizione estrema dove sulla punta di ogni ala c'è il prezzo dell'opzione otm, call e put, e lo strike relativo; in mezzo, dove è la testa e il corpo del condor il mercato attuale. così Angie, uno strike e un prezzo dove ci sono tantissime foglie, altro strike e altro prezzo dove sono molte meno foglie dell'attuale, sulla linea del tempo; i prezzi e gli strike relativi sono lontani, ma non molto, dall'attuale valore, numero di foglie, di Angie.

perché

secondo l'analisi fondamentale, il padre un americano nume tutelare della finanza old style ispiratore delle agenzie di rating, si studiano le caratteristiche dell'azienda il cui titolo è quotato in borsa, allo scopo di capire: se il prezzo del titolo relativo è sottostimato, si compra perché può solo salire, se è sovrastimato si vende, perché deve scendere.

secondo l'analisi tecnica, si cerca di interpretare il movimento del mercato ed individuare il trend, l'andamento quindi, allo scopo di entrare, comprando o vendendo, in favore di quell'andamento.

pertanto ci si sforza di trovare una spegazione di quel che è stato allo scopo di capire come sarà e trarne un vantaggio.

ma quando la previsione è, per un motivo inspiegabile, negata dalla realtà, e questo accade in modalità frequente e non riconducibile alla bravura dell'interprete, allora bisogna correre ai ripari e chiudere la posizione quando raggiunge il livello di stop loss previsto.

facciamo un esempio. il titolo di una delle società della nostra conoscenza sir Cristobal sta iniziando a fare bene e nel contesto di mercato il trend è in salita: sono le condizioni, anche se espresse semplicemente, per comprare quel titolo. ne compri una quantità minima necessaria a fare reddito pari a circa 4000 euro, perché se ne comprassi meno non riusciresti a guadagnare a sufficienza. ti imponi di uscire, stop loss, quando stai perdendo il 5%, cioè 200 euro, mentre chiuderai in guadagno quando avrai raggiunto almeno il 10%.

questa, a grandi linee l'operatività di chi investe in azioni, chi opera sui future deve muovere capitali più grandi.

analizziamo per un secondo soltanto gli aspetti essenziali: devi essere disposto a perdere il 5% per guadagnarne quando va bene il doppio ma attenzione: il movimento è proporzionale, quindi quando i prezzi cambiano devono fare il doppio del percorso per darti il doppio del rendimento, mentre l'attenzione deve restare elevata per evitare di perdere più del previsto e/o per cogliere il frutto anche minimo del tuo investimento.

tutto si basa sulla previsione, sull'attenzione e il rispetto degli stop, grosse cifre investite per ottenerne di piccole.

a noi non piace, sebbene sia stato un cammino già percorso e comune a ogni trader.

non vogliamo rischiare tanto per avere poco, ma l'esatto opposto, alla stessa identica soglia di rischio; non pensiamo di sapere dove andrà il mercato o le nuvole, ma vogliamo essere pronti a cogliere il risultato favorevole di ogni onda o bava di vento; vogliamo rischiare, con una cifra di stop loss dimezzata, di realizzare enne volte il medesimo importo.

non vogliamo perdere per effetto di movimenti a mercati chiusi, quando stavamo tranquillamente dormendo; sappiamo che non perderemo mai più di quanto abbiamo scontato di voler perdere, e che è il prezzo da pagare per poter vincere, e che quando viceremo sarà molto più di quel che potevamo perdere.

non ci interessa il trend di riferimento, non conta a quanto chiuderà o cosa si sono detti nelle stanze segrete Rockerduck e Cristobal, perché non lo sapremo mai.

ci importa soltanto il prezzo di quel che abbiamo comprato e venduto nello spazio delle quattro ore 9-13: in quell'intervallo il prezzo può variare in qualsiasi direzione nell'ambito di ogni congiuntura dei mercati e tu devi essere pronto a cogliere l'occasione della positività, guardando solo il lato positivo delle cose, quello negativo verrà da solo e lo hai già scontato.

in questo modo elimini o comunque modifichi nella sostanza il ragionamento stop loss e annulli l'obbligo di guardare per operare: se all'ora di pranzo hai guadagnato si tratta di enne volte quel che hai messo, se hai perso è (quasi) tutta l'opzione acquistata e sensibilmente inferiore a quello che sarebbe stato il valore accettabile di stop loss per un altra qualsiasi scelta finanziaria.

contrariamente alla operatività comune, non rischi di entrare ed uscire più volte ma decidi e accetti di perdere eventualmente una volta sola e una cifra minima già stabilita pari anzi inferiore all'eventuale stop loss.

soprattutto sfuggi alla legge di chi muove l'altalena, i fantocci di Rockerduck, per farti entrare e uscire continuamente solo per farti perdere; perché se il mercato andasse con decisione su oppure giù sarebbe facile, invece non è così: l'andamento dei prezzi è continuamente agitato da onde che è estremamente difficile o impossibile interpretare e prevedere col successo necessario. la scelta di comprare al prezzo di quel che si vuole poter perdere ti mette nella condizione di cogliere il risultato puro del movimento positivo in misura moltiplicata, in barba a chi ti vuole veder danzare sulla sua musica.

la probabilità che ci sia un movimento soddisfacente e redditizio sono identiche a quelle di una perdita ma è fondamentale capire e realizzare che i multipli e i valori relativi sono completamente assolutamente diversi nella relazione e il gain si rileva chiaramente molto più elevato delle perdite soltanto nel caso delle opzioni.

quello che fai non è scalping, non sei marginato, non operi sui futures, ma compri un contratto che ha due possibilità di soluzione: una positiva in gain e una negativa in loss. solo che quella positiva si esprime in multipli del prezzo di acquisto mentre quella negativa può valere soltanto e al massimo l'intero prezzo di acquisto.

nessun interesse al valore effettivo del contratto, l'opzione elettivamente, quindi obbligatoriamente, non deve essere mai portata a scadenza, perché ti deve interessare il temporale, la variazione dei prezzi ma soltanto nella prima metà della vita dell'opzione. per il valore effettivo tu dovresti attendere sino a quando, alla scadenza, il mercato abbia superato di molto il tuo strike, la scelta di comprare un otm sarebbe quindi penalizzante se portata alla scadenza, inoltre non avresti o sarebbe ridotto il vantaggio della moltiplicazione: per questi motivi devi vendere entro la metà della giornata.

nulla conta di quello che accade dalle 13 alle nove del giorno dopo, mera semplice accademia da bar della finanza, alla stregua di giornalismo ignorante e/o gossip femminino. i fatti di interesse riprendono sempre dalle nove della mattina sino all'una p.m., quando nei giorni feriali si rimette ogni volta tutto in campo e provi ancora a cercare soddisfazione.

nel caso di strangle puoi vendere in tempi separati e diversi ognuna delle due, quando meglio ti conviene, anche realizzando almeno per la prima il doppio del prezzo.

esiste una differenza sostanziale tra le opzioni e la leva: con le opzioni tu rischi di perdere sempre soltanto quello che compri, nei contratti a leva tu vinci e perdi in relazione alla leva impostata, capace di moltiplicare guadagni e perdite in uguale misura.

ti capiterà un numero imprevedibile di volte di perdere e di vincere, e questa cosa sarà diversa in relazione a: scelta del mercato, scelta degli strike, fattori inesplicabili e imprevedibili: il vento, il sole, la luna, la paura del buio.

quando avrai fortuna e ti capiterà di guadagnare tanto, non pensare come Napoleone che si tratti di genio; quando invece per molte volte di seguito perderai, non vederla come stupidità: è sempre il destino che gioca con te.

ma quando avrai scelto il mercato più volatile, avrai comprato gli strike più ravvicinati e ai prezzi più bassi, avrai abbandonato giudizio e rimorsi, avrai lasciato il contatto con quei soldi serviti per comprare la tua opzione e infine e quindi ti sarai fidato di te stesso: beh allora avrai fatto tutto quello che potevi per raccogliere quel che verrà.

volatilità, strike e prezzi

la tua operatività è legata alla condizione volatile del mercato, dal quale la tua opzione deriva, anche detto sottostante, il nostro Angie; pertanto verificherai la natura dei prezzi molto mobili, la variazione del numero delle sue foglie nel volgere del brevissimo periodo di qualche ora, nelle tue simulazioni e nel contesto reale ben prima di comprare.

questa non è una premessa ma elemento fondamentale della strategia, senza la comprensione del quale ti prego di non fare alcuna negoziazione.

quando ti sarà chiaro che i prezzi si muovono come agitati da un tornado e in tempi brevissimi la situazione di volatilità può dirsi confermata, per contesti meno limpidi ti affiderai alla tua esperienza personale maturata nell'attività di osservazione, propria del condor.

soltanto dopo aver verificato l'oscillazione spinta dei prezzi del sottostante, del numero delle foglie di Angie, la metterai in relazione con gli strike che il tuo broker ti offre legati ai prezzi delle opzioni offerte.

nessuno ti garantirà mai che i prezzi così mobili oggi lo saranno altrettanto domani, ma questa è davvero l'unica e inevitabile soglia di rischio della tua operativiità.

tu comprerai al prezzo che ti consente una perdita sostenibile, come nell'esempio della tabella il prezzo ideale potrebbe essere intorno a 30, ma il livello di perdita sostenibile deve essere una tua valutazione esclusiva.

tenendo fede all'esempio, cercando il prezzo che ti va bene troverai lo strike relativo e calcolerai la distanza dal mercato sottostante, per capire quanta strada devono fare i prezzi del mercato per darti un gain, quante foglie deve perdere o guadagnare Angie perché ne nasca un beneficio.

infatti normalmente il vantaggio arriva e cresce a partire da quando il mercato supera lo strike, il numero delle foglie va oltre 1200 o 800 come nell'esempio iniziale; tuttavia puoi vedere una sensibile variazione della tua opzione anche prima che Angie raggiunga il numero di foglie dello strike, a patto che gli si avvicini in pochissimo tempo.

quindi strike lontani dal mercato danno il senso di volatilità elevata e possono esprimere una strategia difensiva del broker che non ha altra possibilità: questo è il momento più favorevole alla strategia, nel quale si rischia poco per ottenere molto.

costi e benefici

il primo più importante costo da sostenere è abituarsi al fatto di perdere, metabolizzando che non è una eventualità, ma una certezza.

il beneficio relativo consiste nel realizzare che questo elemento di costo è l'investimento potenziale ed essenziale per giungere a guadagni pari a enne volte il prezzo di quel costo.

altro costo è la disciplina descritta nel metodo di questo libro, indispensabile al raggiungimento dell'obiettivo.

beneficio è il tempo che la strategia necessita per l'attuazione, lasciandoti la libertà di fare quasi qualunque altra cosa nel frattempo.

il vantaggio morale sta inoltre nella sicurezza di non intervenire direttamente nel mercato dove la ricchezza passa dai molti sprovveduti ai pochi professionisti ma al contrario in un ambiente artificiale, quello dei derivati, dove la tua controparte è il mazziere, baro e padrone del gioco, squalo divoratore di ogni piccolo gruzzolo e tu, piccolo Davide, ne sarai prima osservatore sulle ali di Icaro e poi giustiziere con l'umile fionda.

dal punto di vista strettamente micro economico non hai alcun costo tipicamente riferito all'apertura di una azienda: quindi niente partita iva, niente tasse senza reddito, niente spese fisse relative a bollette, nessuna spesa legata ai trasporti, niente dipendenti; non devi spendere per il marketing e la pubblicità perché il tuo cliente e fornitore è colui che ti fa aprire il conto trader; non hai magazzino né rimanenze; solo pc, connessione internet e smartphone che probabilmente hai già.

è il momento di vendere

vendi l'opzione preferibilmente tra le 12 e le 13, non oltre, o in concreto e comunque quando il mercato ha superato lo strike, perché il pareggio, break even, della strangle è quasi sempre vicino allo strike e nessuno esce quando è in pari, altrimenti restavi fuori.

secondo la strategia strangle, il tuo condor, hai comprato due opzioni, una call e una put, credendo nel futuro di una delle due in gain, cioè pensando che le foglie di Angie aumentassero o diminuissero di molto in poche ore.

se hai comprato per un valore totale di prezzi pari a

31 + 28 = 59 non ha senso alcuno vendere quando il prezzo di una delle due opzioni è a 59, deve essere da 60 in su, altrimenti hai chiuso in pari e andavi a bere una birra con gli amici, piuttosto. solo sopra il 59 hai appena valicato il break even, stai iniziando a guadagnare.

quando decidi di investire in opzioni e sai di poter perdere e che perderai più volte il prezzo del tuo investimento, devi cercare di ottenere dalle situazioni favorevoli tutto quello che ti possono dare, quindi non ti può e non ti deve bastare di recuperare quello che stavi perdendo.

nel caso positivo, continua a guardare il movimento dei prezzi e vendi senza rimpianti solo quando stai guadagnando più del doppio del prezzo della tua opzione.

ti dico senza rimpianti perché ti potrà capitare di vendere a 100 quella che hai comprato a 28 e poi vedere che il prezzo sale sino a 247.

ti capiterà anche di vendere a 60 quello che avevi comprato a 28 per poi veder scendere il prezzo di quell'opzione sino a quando anche l'altra sale e vale 60 e così chiudere entrambe in positivo.

sono cose che ti capiteranno e non raramente, basta non conoscere o almeno disconoscere il concetto di rimpianto e rimorso; accettare nel profondo il gioco dei numeri come fosse parafrasi, metafora del gioco della vita.

dopo l'una p.m. non devi, non puoi aver posizioni aperte perché se valevano qualcosa devi aver venduto e portato a casa il residuo, se valevano molto devi aver realizzato; diverso il caso se valeva zero, perché puoi lasciarla lì: alla scadenza potrà solo aver un valore più alto, non si può mai sapere e comunque non ha senso vendere e nessuno comprerebbe quel che vale zero, meno che mai il tuo broker.

hai trascorso quattro ore emozionanti, tra prezzi in altalena, nelle quali moltissimi altri hanno sperato, imprecato, giurato, pregato, lavorato; ma tu sapevi già come sarebbe finita, per te.

se alle 12,30, o prima, il prezzo della tua opzione si è avvicinato e ha sorpassato lo strike vendi con notevole vantaggio di valore; se si è allontanato nell'altra direzione, perdi tutto o quasi, se è rimasto vicino all'apertura perdi circa la metà o qualcosa di più.

qui sotto trovi una tabella con espressi i prezzi di apertura e chiusura dei casi che abbiamo visto quando abbiamo comprato: la call vale zero, evidentemente perché il mercato è andato giù, quindi l'hai persa se l'avevi comprata; la put vale 247, più di 8 otto volte, quasi nove, il prezzo che avevi pagato per comprarla, ed è circa mezzogiorno.

arket	call\put	strike	value x point	contracts	price open	price close	open	close
9910	call	20020	10	0,5	31,00	0,00	155,00	0,00
	put	19780	10	0,5	28,00	247,00	140,00	1.235,00

chiudi la posizione vendendo a 247 e festeggi, metti il fieno in cascina, sapendo che ci saranno tempi diversi, migliori o peggiori poco importa.

il nostro Angie aveva all'inizio dell'osservazione 19910 foglie, hai comprato contratti in due direzioni, una credendo nella possibilità che crescessero oltre le 20020 foglie, l'altra credendo nella possibilità che le foglie diminuissero più di 19780; i due livelli di strike ai quali corrispondono I prezzi rispettivamente di 31 e 28.

il numero delle foglie è sceso così tanto, molto oltre il livello delle 19780 unità, e tale da comportare l'annullamento del valore della call e la rivalutazione del valore della put dai 28 punti dell'acquisto ai 247 della vendita.

l'operazione è la stessa dell'acquisto, con il prezzo di 28 che cambia in tuo favore divenendo 247 -> 10*0,5*247=1235.

hai tratto vantaggio da una situazione reale che, quando hai comprato l'opzione, non esisteva ed era valutata poco probabile, ma la caratteristica momentanea di volatitlità del mercato ha reso quella situazione possibile in direzione della salita o della discesa del numero di foglie.

poi il vento o la pioggia o la neve o il sole o la luna o Cristobal hanno fatto modificare i numeri e hai guadagnato sapendo che il gain era oltre 20020 oppure oltre 19780.

i prezzi delle opzioni cambiano in relazione al cambiare del numero delle foglie di Angie nel tempo, quindi è da quel cambiamento spinto dalla volatilità che nasce il gain.

il sunto della fine

allora, facciamo un'analisi di quanto è successo.

hai comprato questo libro, l'hai letto interamente, hai deciso di verificare quanto c'è scritto, dopo averlo compreso.

hai fatto più di un giro sui siti di diversi broker, li hai testati sulle piattaforme per capirne vantaggi e limiti, soprattutto in base a livelli di commissioni e strike sulle opzioni dei mercati che hai capito essere più volatili.

queste esperienze sono state utili per approfondire con le demo le possibilità di guadagno e di perdita suggerite nel libro.

non hai usato denaro, ma solo le piattaforme gratuite.

a questo punto, due strade: la prima dice che hai perso sempre, non ti piace quello che hai fatto, vai per un'altra via, magari più creativa; la seconda dice che sei riuscito in più occasioni a trarre dei vantaggi virtuali, la cosa è stata utile e piacevole, hai scoperto un mondo intrigante.

in questo secondo caso, apri un conto vero per usare la piattaforma che ti è piaciuta di più, continui a non versare denaro reale ma simuli acquisti e vendite aiutandoti col computer o con carta e penna, anche per tenere memoria.

ancora due strade: una volta abbandonata la demo, scopri che non è vero niente, perdi soltanto ed è una macchina mangiasoldi, così abbandoni il progetto o riparti da un altro conto e broker; ovvero ti piace sempre di più e ti rendi conto che funziona davvero.

in questa accezione soltanto, passi alla fase definitiva, fai il bonifico con i denari veri e ti trasformi.

il mio compito è esaurito.

Grazie a te.

www.ingramcontent.com/pod-product-compliance
Lightning Source LLC
Chambersburg PA
CBHW070428180526
45158CB00017B/917